Género Ficción

I0799977

¿? Pregunta esencial

¿Cómo puede una mascota ser un buen amigo?

Una tarde calurosa

Virginia Segret Mouro
ilustrado por Constanza Basaluzzo

Capítulo 1

Un nuevo amigo

Tatiana vivía en un barrio muy tranquilo, con vecinos amables y muchas plantas verdes y brillantes.

La pequeña se divertía mucho cuando correteaba al sol.

Una tarde de verano, Tatiana descubrió un sapo grandote en su jardín. El animal intentaba cazar una apetitosa mosca y se relamía. Para los sapos, los insectos son muy sabrosos.

—¡Oh, pero quién está aquí! —dijo Tatiana mirando al sapo.

El sapo miró a la niña sorprendido.

La mosca aprovechó el descuido y se escapó.

—¿Así que buscas tu comida en mi jardín? Desde hoy te llamarás Buzo —dijo Tatiana riendo.

Todas las mañanas, Tatiana visitaba a su nuevo amigo.

Hacía calor y la niña buscaba la frescura del jardín.

Por la noche, Tatiana ayudaba a su mamá a regar las plantas. Había rosales y flores bellas.

Tatiana observaba que al sapo Buzo le gustaba mucho chapotear en el agua.

<u>Tatiana conversaba con el sapo</u>. Para ella era muy importante esa amistad.

—¿Quieres jugar conmigo? —le decía.

El sapo asentía con un "glo-glo-glo" que la divertía mucho.

Detective del lenguaje	¿Cuál es el sujeto de la oración subrayada en esta página?

Capítulo 2

¡Cuánto calor!

Una tarde, el sol brillaba y el aire era tan caliente que quemaba. Tatiana recogió su cabello con un broche de flores color violeta. Luego, se vistió con su ropita más liviana y salió al jardín.

La pequeña se sentó bajo un pino. Pero el día era demasiado caluroso y la sombra del árbol no le bastaba. No corría ni la más suave brisa. Además, tenía mucha sed.

"¿Dónde estará mi amigo Buzo?", pensó.

“¿Estará escondido debajo de una planta? ¿Podré hacerle cosquillas en la panza?”.

Tatiana imaginaba que Buzo estaba feliz, dormido en la tierra húmeda.

Para refrescarse, la niña comió una ensalada de lechugas y tomates. Su mamá la preparó. Preparó también una limonada helada y cortó una rodaja de pan. Colocó su merienda en una bandeja y la niña la llevó al jardín.

Comía con cuidado de no dejar migajas cuando, de pronto, escuchó un ruido extraño bajo los rosales.

Capítulo 3

El jardín de los vecinos

—¿Quién anda por ahí? —preguntó con una vocecita dulce.

Nadie respondió.

—¿Pero quién está escondido aquí? —volvió a preguntar.

—Glo-glo-glo —escuchó entre las hojas.

—¿Eres tú, Buzo? —y comenzó a revisar entre las plantas.

¡El sapo la esperaba entre las flores!

Buzo miró a la niña y pegó un brinco. Estiró su larga lengua y atrapó un insecto que volaba por allí. Después, otro brinco más y otro y otro más...

Cada tanto, se detenía, volvía a mirarla y decía "glo-glo-glo".

Tatiana comprendió que el sapo quería que lo acompañara.

—¿Quieres que vaya contigo, Buzo? —preguntó la pequeña muy intrigada.

La gran aventura comenzó.

Buzo brincaba por el jardín. Tatiana pidió permiso a su mamá para seguirlo.

Llegaron al jardín de los vecinos. Allí, la familia regaba las plantas.

¡Cuánta agua fresca! ¡Qué felicidad!

Buzo y Tatiana saltaban contentos debajo del agua.

Verónica, la vecinita, también saltaba con ellos. Tenía sus bucles mojados y reía feliz.

Los vecinos estaban felices con la visita.

Bárbara, la mamá de Verónica, trajo frutas y jugos.

¡Qué bueno es relacionarse y compartir con los vecinos!

Detective del lenguaje	¿Cuál es el sujeto de la oración subrayada en esta página?

Respuesta a la lectura

Resumir

Usa detalles para resumir *Una tarde calurosa.*

Personaje	Ambiente	Sucesos

Evidencia en el texto

1. ¿Cómo sabes que *Una tarde calurosa* es un cuento de ficción? **Género**
2. ¿Cómo era el clima? Usa detalles de las ilustraciones de las páginas 7 y 8 como ayuda para responder. **Usar ilustraciones**
3. ¿Cuál es el significado de *chapotear* en la página 5? Las claves de contexto te ayudarán. **Claves de contexto**
4. Escribe acerca de la relación de la niña con el sapo. **Escribir sobre la lectura**

Género Poesía

Compara los textos

Lee sobre un niño que ama a su gata.

Ven

Sebastián Olaso

¡Ven, gata preciosa! Quiero estar contigo.
Deja que te alce, canta tu canción.
Ese ronroneo es una música suave,
una danza dulce para el corazón.

Illustration: Sole Otero

¡Ven, gata preciosa! Quiero estar contigo.
Puse leche tibia en tu enorme tazón.
Bébela despacio, no tenemos apuro,
luego haremos juntos pompas de jabón.

¡Ven, gata preciosa! Quiero estar contigo.
Mira cuánta poesía tiene el cielo azul.
Disfrutemos del aire puro de la tarde
y que el alma serena se llene de luz.

Haz conexiones

¿Qué cosas comparten el niño y la gata? **Pregunta esencial**

¿En qué se parecen la niña del cuento y el niño del poema? **El texto y otros textos**

Enfoque:
Elementos literarios

Rima Las palabras que riman tienen el mismo sonido final.

Lee y descubre En el poema *Ven,* las palabras *canción* y *corazón* tienen los mismos sonidos finales. Busca en el poema otras palabras que rimen. ¿Cuáles son? ¿Cómo las encuentras?

Tu turno

Escribe un poema sobre un animal que sea tu amigo. Usa palabras que riman al final de algunos versos.